MARTINA KITTLER

# HAPPY BUDDHA BOWLS

FOTOGRAFIE: GROSSMANN.SCHÜRLE, COCO LANG

# INHALT

*Öffnen Sie die Klappen dieses Buches.*
*Dort finden Sie die wichtigsten Infos zum Thema auf einen Blick!*

DAS PRINZIP:
BUDDHA-
BOWL

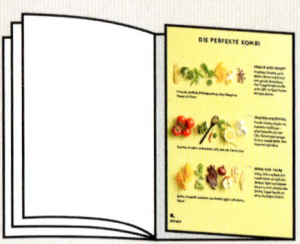

DIE PERFEKTE
KOMBI

Immer griffbereit:

BUDDHA-BOWL
ZUBEREITEN

Immer griffbereit:

BOWLING-TIPPS
VOM PROFI

**GU CLOU**

Wussten Sie schon, dass ...?
Entdecken Sie bei einigen ausgewähl-
ten Rezepten ganz besondere Tipps
mit verblüffendem Insiderwissen.
Aha-Momente garantiert!

Mit diesem Symbol sind alle vegetarischen
Gerichte gekennzeichnet.

Die Backzeiten können je nach Herd variie-
ren. Unsere Temperaturangaben beziehen
sich auf das Backen im Elektroherd mit
Ober- und Unterhitze.

Sammeln Ihrer Lieblingsrezepte
mit der »GU Kochen Plus«-App
(siehe S. 64)

# REZEPTKAPITEL

## 06 FRÜHSTÜCKS-BOWLS

## 20 VEGGIE-BOWLS

## 44 BOWLS MIT FLEISCH & FISCH

# MARTINA KITTLER

*Buddha-Bowls sind meine neuen Lieblinge. Warum? Weil in dieser Schale alles landet, was schmeckt, satt und glücklich macht: buntes Gemüse und Obst, Getreide und Hülsenfrüchte, Nüsse, Kerne und Kräuter. Das kreative Schüssel-Mixen ist für mich mehr als nur ein Trend: Es ist supergesund!*

## Was ist eine Buddha-Bowl?

Eine bunte Mischung aus vielen gesunden Zutaten in einer Schüssel. Darin wird alles liebevoll arrangiert, was man für ein Frühstück, Mittag- oder Abendessen braucht. Und die Bowl sieht nicht nur umwerfend lecker aus – sie schmeckt auch so, macht fit und gibt Power.

## Gibt es beim Bowlen Regeln?

Eigentlich nicht. Erlaubt ist, was gefällt und Platz hat. Man kann seiner Fantasie freien Lauf lassen und nach Lust und Laune kombinieren: rohe wie gekochte, warme wie kalte Zutaten. Es gibt süße und herzhafte Bowls. Egal ob glutenfrei, vegan oder vegetarisch, mit Fisch- oder Fleischbeilage – der Schüssel-Mix sollte ausgewogen sein und sowohl Kohlenhydrat- als auch Protein-

quellen enthalten. Zuerst kommen z. B. brauner Reis, Nudeln oder Quinoa hinein. Darauf folgen Zutaten wie Kichererbsen, gebratene Süßkartoffeln und Avocado. Frisches Gemüse wie gedünsteter Brokkoli, geraspelte Möhren, Blattsalat oder Spinat und Früchte steuern eine geballte Ladung an Vitalstoffen bei. Sprossen, Nüsse, ein Klecks Hummus, Pesto oder Joghurtdressing und andere Toppings sind zum Schluss die Krönung.

## Braucht man eine spezielle Schale?

Nein. Eine Buddha-Bowl kann man in jeder größeren runden Schüssel oder Müslischale zubereiten. Auch mit einem tiefen Teller klappt das Anrichten gut. Schöner und stilechter sieht es jedoch aus, wenn man eine Schale aus Kokosnuss, Keramik oder Bambus benutzt.

# DIE SCHNELLSTE
# BUDDHA-BOWL

150 g Couscous und
1 TL abgeriebene
Bio-Zitronenschale
mit 300 ml kochender
Gemüsebrühe über-
gießen.

500 g mediterranes
TK-Grill-Pfannenge-
müse (z. B. Zucchini,
Auberginen, rote und
gelbe Paprika) …

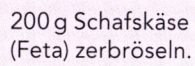

… mit 2 EL Olivenöl
6–8 Min. braten.

250 g Kichererbsen
(Dose) abbrausen und
abtropfen lassen.

200 g Schafskäse
(Feta) zerbröseln.

1 Handvoll Basilikumblätter abbrausen und trocken schütteln.

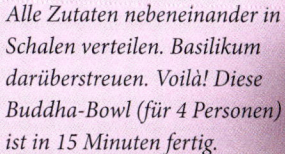

*Alle Zutaten nebeneinander in
Schalen verteilen. Basilikum
darüberstreuen. Voilà! Diese
Buddha-Bowl (für 4 Personen)
ist in 15 Minuten fertig.*

# FRÜHSTÜCKS-BOWLS

# PFIRSICH-ERDBEER-BOWL 🍃

### SOMMER-REZEPT

## FÜR DIE BOWL

*500 ml Haferdrink (ersatzweise*
*ungesüßter Mandeldrink)*
*100 g zarte Haferflocken*
*1 Bio-Limette*
*8 reife Pfirsiche (ca. 1,2 kg)*
*2 EL flüssiger Honig*

## FÜR DAS TOPPING

*250 g Erdbeeren*
*4 EL Bananenchips*
*2 Stängel Minze*
*2 TL Chia-Samen*

## TIPP

Für ein erfrischendes Löffel-
vergnügen die Pfirsichstücke
am Vorabend einfrieren. Am
nächsten Morgen mit Flocken
und Limettensaft pürieren. So
wird die Bowl beim Mixen he-
runtergekühlt und durch die
Eiskristalle in den gefrorenen
Pfirsichen wunderbar cremig.

BOWL: Den Haferdrink mit den Haferflocken in einen Topf geben, verrühren und aufkochen. Dann die Mischung vom Herd nehmen und abkühlen lassen.

Inzwischen die Limette heiß waschen, trocken tupfen und die Schale fein abreiben. Die Limette halbieren und den Saft auspressen. Die Pfirsiche waschen, halbieren und entsteinen. 6 Pfirsiche in grobe Würfel schneiden und mit Limettensaft und Flockenmischung in den Mixer oder eine hohe Rührschüssel geben. Alles fein mixen oder mit dem Pürierstab pürieren, dann mit Honig süßen.

TOPPING: Die Erdbeeren abbrausen, putzen und längs in dünne Scheiben schneiden. Die vier übrigen Pfirsichhälften in feine Spalten schneiden.

Die Bananenchips grob zerbröseln oder hacken. Die Minze waschen und trocken schütteln. Die Blättchen abzupfen und grob klein schneiden.

ANRICHTEN: Den Pfirsich-Smoothie in Bowls füllen. Mit Pfirsichspalten und Erdbeerscheiben belegen und mit Bananenchips, Minze und Chia-Samen bestreuen. Sofort servieren.

*Für 4 Personen • 20 Min. Zubereitung • Pro Portion ca. 440 kcal, 11 g EW, 24 g F, 43 g KH*

# KOKOS-SMOOTHIE-BOWL 🌿

## VEGAN

4 EL Cashewkerne
4 EL Walnusskerne
4 EL zarte Fünfkorn-Flocken
4 EL Kokoschips
600 g Kokosjoghurt (ungesüßt)
200 g Himbeeren
200 g Heidelbeeren
2 EL Ahornsirup
2 EL Limettensaft

**1** Cashew- und Walnusskerne grob hacken. Die Nüsse mit Flocken und Kokoschips in einer Pfanne ohne Fett bei mittlerer Hitze goldbraun rösten. Vom Herd nehmen und abkühlen lassen. Inzwischen den Joghurt gut durchrühren und in Bowls verteilen.

**2** Himbeeren und Heidelbeeren verlesen, abbrausen und trocken tupfen. Von den Beeren etwa ein Drittel zum Garnieren beiseitelegen. Die übrigen Beeren mit Ahornsirup und Limettensaft im Mixer oder mit dem Pürierstab fein pürieren. Das Fruchtpüree nach Belieben durch ein feines Sieb passieren, um die Kerne zurückzubehalten.

**3** Das Püree mittig als Längsstreifen auf den Joghurt geben und mit einem Löffelstiel zu einer Seite hin spiralförmig verziehen. Die Smoothie-Bowl mit der Flocken-Nuss-Mischung bestreuen und mit den beiseitegelegten Beeren garniert servieren.

*Für 4 Personen • 20 Min. Zubereitung • Pro Portion ca. 475 kcal, 11 g EW, 21 g F, 57 g KH*

# AVOCADO-KEFIR-BOWL

## VITAMINREICH

8 EL kernige Haferflocken
4 EL Agavendicksaft
4 EL gepuffter Amarant
100 g Baby-Blattspinat
1 große Banane
1 große Avocado
3 Kiwis
200 g blaue kernlose Wein-
    trauben
12 Physalis
500 g Kefir

**1** Die Haferflocken in einer Pfanne ohne Fett bei mittlerer Hitze goldbraun rösten. Agavendicksaft zugeben und ca. 1 Min. unter Rühren einkochen lassen. Amarant unterrühren und die Mischung auf Backpapier auskühlen lassen.

**2** Spinat verlesen, waschen und trocken schleudern. Die Banane schälen und grob zerteilen. Avocado halbieren, entkernen, das Fruchtfleisch aus der Schale lösen und grob würfeln. Kiwis schälen. 2 Früchte in Stücke, die übrige Kiwi in Scheiben schneiden. Trauben waschen und in feine Scheiben schneiden. Physalis aus den Hüllblättern lösen, waschen und ebenfalls in Scheiben schneiden.

**3** Spinat (bis auf einige Blätter zum Dekorieren), Banane, Avocado, Kiwistücke, Kefir und 100 ml Wasser im Mixer oder mit dem Pürierstab fein pürieren. Den Smoothie in Bowls füllen, mit Trauben, Kiwi und Physalis belegen. Mit Flocken und Spinat bestreut servieren.

# APFEL-BOWL MIT STREUSELN 🌿

## WINTER-REZEPT

### FÜR DIE STREUSEL

*50 g Walnusskerne*
*1 EL Kokosöl*
*100 g kernige Dinkelflocken*
*3 EL Leinsamen*
*2 EL Apfeldicksaft*

### FÜR DIE BOWL

*300 g Möhren*
*4 Äpfel (z. B. Elstar; ca. 600 g)*
*100 g Sanddorn-Fruchtsauce mit*
  *Honig (Bioladen)*
*500 g Buttermilch*

### FÜR DAS TOPPING

*40 g Apfelchips*

STREUSEL: Die Walnusskerne grob hacken. Das Kokosöl in einer Pfanne erhitzen. Nüsse, Dinkelflocken und Leinsamen darin bei mittlerer Hitze unter Wenden in 3–4 Min. goldbraun rösten. Den Apfeldicksaft untermischen. Die Flockenmischung unter Rühren kurz weiterrösten, dann auf einen Bogen Backpapier geben und abkühlen lassen.

BOWL: Die Möhren putzen, schälen und in kleine Würfel schneiden. Die Möhrenwürfel in einem Topf mit 3 EL Wasser in 7–8 Min. weich dünsten. Die Äpfel waschen, vierteln, von Kerngehäusen befreien und klein schneiden. Äpfel- und Möhrenstücke mit der Sanddornsauce und der Buttermilch in einem Mixer oder mit dem Pürierstab fein pürieren.

TOPPING: Die Apfelchips nach Belieben grob zerbröseln oder ganz lassen. Den Smoothie auf Bowls verteilen. Die Nussstreusel und die Apfelchips darauf anrichten. Sofort servieren.

### GUT ZU WISSEN

Sorge, dass beim Garen der Möhrenstücke viel vom zellschützenden Beta-Carotin verlorengehen könnte, muss man nicht haben. Im Gegenteil: Der pflanzliche Farbstoff profitiert vom Erhitzen und kann vom Körper einfacher aufgenommen werden.

1

2

3

# OVERNIGHT OATS BOWL MIT KAKI

GUT VORZUBEREITEN

4

5

6

## FÜR DIE BOWL

*4 Datteln (z. B. Medjoul)*
*200 g kernige Haferflocken*
*4 EL Sojaflocken*
*2 EL Chia-Samen*
*¼ TL gemahlene Vanille*
*500 ml Mandeldrink (ungesüßt)*

## FÜR DAS TOPPING

*1 Granatapfel*
*2 Bananen*
*2 Kakis*
*2 Kiwis*
*2 EL Ahornsirup (nach Belieben)*

### GUT ZU WISSEN

Durch das Einweichen über Nacht entsteht aus den trockenen Flocken und Chia-Samen ein bekömmlicher Getreidebrei, der lange satt macht. Auch wer normalerweise auf Vollkorn empfindlich reagiert, verträgt die Overnight Oats gut.

**BOWL:** Die Datteln längs aufschneiden, entsteinen und in kleine Würfel schneiden (Bild 1). Dann mit Haferflocken, Sojaflocken, Chia-Samen und Vanille in eine Schüssel geben und vermengen (Bild 2). Die Mischung mit dem Mandeldrink und 500 ml Wasser gut verrühren. Abgedeckt 8 Std., am besten über Nacht im Kühlschrank quellen lassen.

**TOPPING:** Am nächsten Tag den Granatapfel halbieren. Die Hälften mit etwas Druck auf einer großen Zitruspresse auspressen, dabei die herausfallenden Kerne und den Saft auffangen (Bild 3). Die Granatapfelkerne von den anhaftenden weißen Häutchen befreien.

Die Bananen schälen und schräg in Scheiben schneiden. Die Kakis waschen, halbieren und in dünne Spalten schneiden (Bild 4). Die Kiwis schälen und quer in Scheiben schneiden.

**ANRICHTEN:** Die Flockenmischung auf Bowls verteilen und mit je 1 EL Granatapfelsaft verrühren (Bild 5). Die Granatapfelkerne, Bananen, Kakis und Kiwis in Streifen darauf anrichten. Die Bowls nach Belieben mit Ahornsirup beträufeln und sofort servieren (Bild 6).

*Für 4 Personen • 45 Min. Zubereitung • Pro Portion ca. 520 kcal, 14 g EW, 18 g F, 72 g KH*

# BULGUR-ORANGEN-BOWL 🌿

### AUS DEM ORIENT

2 EL Pistazienkerne
   (ungesalzen)
2 EL heller Sesam
2 EL flüssiger Honig
600 ml Haferdrink
180 g Bulgur
1 Pck. Bourbon-Vanillezucker
2 Orangen
300 g Möhren
6 getrocknete Datteln
   (z. B. Medjoul)
400 g griechischer Sahne-
   joghurt

**1** Pistazien und Sesam in einer Pfanne ohne Fett bei mittlerer Hitze goldbraun rösten. Vom Herd nehmen und den Honig unterrühren. Die Mischung auf Backpapier abkühlen lassen.

**2** Den Haferdrink in einem Topf aufkochen. Den Bulgur zugeben und zugedeckt bei kleiner Hitze in ca. 10 Min. garen. Vanillezucker unterrühren, den Bulgur zugedeckt lauwarm abkühlen lassen. Inzwischen die Orangen schälen, dabei die weiße Haut entfernen. Die Orangen quer in Scheiben schneiden und diese halbieren. Den austretenden Saft dabei auffangen. Die Möhren putzen, schälen und raspeln. Die Datteln längs halbieren, entsteinen und würfeln. Den Joghurt mit dem Orangensaft verrühren.

**3** Den Bulgur durchrühren und auf Bowls verteilen. Möhren, Datteln, Joghurt und Orangenscheiben darauf anrichten. Den Pistazien-Crunch grob hacken, aufstreuen und die Bowls servieren.

*Für 4 Personen • 45 Min. Zubereitung • Pro Portion ca. 485 kcal, 12 g EW, 14 g F, 76 g KH*

# HIRSE-BOWL MIT FEIGEN

*6 getrocknete Aprikosen*
*250 g Hirse*
*750 ml Mandeldrink*
*(ungesüßt)*
*1 Prise Salz*
*½ TL gemahlener Zimt*
*2 EL flüssiger Honig*
*4 EL gehobelte Mandeln*
*4 blaue Feigen*
*2 kleine Birnen (z. B. Forelle)*
*150 g grüne kernlose Wein-*
*trauben*
*4 EL Dickmilch*

**1** Die Aprikosen fein würfeln. Mit Hirse, Mandeldrink und Salz in einen Topf geben und aufkochen. Alles bei kleiner Hitze zugedeckt ca. 10 Min. köcheln lassen. Die Mischung vom Herd nehmen und mit Zimt und Honig verrühren. Die Hirse ca. 10 Min. bei geschlossenem Deckel nachquellen lassen.

**2** Inzwischen die Mandeln in einer Pfanne ohne Fett bei mittlerer Hitze goldbraun rösten. Vom Herd nehmen und abkühlen lassen. Die Feigen waschen und in Scheiben schneiden. Die Birnen waschen, vierteln, vom Kerngehäuse befreien und längs in hauchdünne Scheiben schneiden oder hobeln. Die Trauben waschen und halbieren.

**3** Die Hirsemischung auf Bowls verteilen. Feigen, Birnen und Trauben darauf anrichten. In jede Schale 1 EL Dickmilch geben. Die Bowls mit den Mandeln bestreut servieren.

*Für 4 Personen • 35 Min. Zubereitung • Pro Portion ca. 510 kcal, 12 g EW, 28 g F, 50 g KH*

# EXOTISCHE FRISCHKORN-MANGO-BOWL 🌿

### LAKTOSEFREI

## FÜR DIE BOWL

*400 g Kokosmilch (aus der Dose)*
*75 g Gerstengrütze*
*75 g Buchweizengrütze*
*2 EL Kokosblütenzucker (ersatz-*
*weise Rohrohrzucker)*
*300 g Sojaghurt*
*1 große Mango*

## FÜR DAS TOPPING

*2 Passionsfrüchte*
*125 g Heidelbeeren*
*2 EL Kokosraspel*
*4 TL Kakao-Nibs*

### GUT ZU WISSEN

Kakao-Nibs sind getrocknete Stückchen von rohen Kakaobohnen – also Schokolade in seiner natürlichsten Form und das i-Tüpfelchen in der Frühstücks-Bowl. Sie schmecken leicht herb, nicht süß und sind im Bioladen erhältlich.

BOWL: Kokosmilch und 300 ml Wasser in einem Topf aufkochen. Die Gersten- und Buchweizengrütze unter Rühren einstreuen, einmal aufkochen und bei kleiner Hitze zugedeckt ca. 20 Min. unter Rühren köcheln lassen. Dann den Getreidebrei vom Herd nehmen, mit Zucker und Sojaghurt verrühren und noch ca. 5 Min. quellen lassen.

Inzwischen die Mango schälen, das Fruchtfleisch vom Stein schneiden und grob zerteilen. Die Mangostücke in eine hohe Schüssel geben und mit dem Pürierstab glatt pürieren.

TOPPING: Die Passionsfrüchte halbieren und die Kerne samt Fruchtfleisch mit einem Löffel aus der Schale lösen. Die Heidelbeeren abbrausen und verlesen. Die Kokosraspel in einer Pfanne ohne Fett bei mittlerer Hitze goldbraun rösten. Vom Herd nehmen und abkühlen lassen.

ANRICHTEN: Den Getreidebrei in Bowls verteilen. Das Mangopüree jeweils auf eine Hälfte der Bowl geben. Die Kokosraspel und Heidelbeeren als Streifen in der Mitte anrichten. Mit den Passionsfruchtkernen bestreuen. Die Kakao-Nibs aufstreuen und die Bowls sofort servieren.

# VEGGIE-BOWLS

*Für 4 Personen • 40 Min. Zubereitung • Pro Portion ca. 590 kcal, 19 g EW, 29 g F, 67 g KH*

# QUINOA-BOWL MIT KÜRBIS ❧

VEGAN

## FÜR DIE BOWL

*150 g Quinoa*
*Salz*
*3 EL Limettensaft*
*Pfeffer*
*1 Hokkaido-Kürbis (ca. 700 g;*
   *ersatzweise Butternuss-Kürbis)*
*2 EL Olivenöl*
*1 Dose Kidneybohnen*
   *(250 g Abtropfgewicht)*
*250 g Kirschtomaten*
*1 große Avocado*
*50 g Rucola*

## FÜR DAS DRESSING

*200 g Seidentofu (Bioladen)*
*2 EL Tahin (Sesampaste)*
*1 EL Limettensaft*
*Salz, Pfeffer*

### GUT ZU WISSEN

Dank der weichen, zartcremigen Konsistenz und des neutralen Geschmacks lässt sich Seidentofu gut als vegane Alternative für Dressings mit Milchprodukten verwenden.

BOWL: Die Quinoa waschen und abtropfen lassen. Mit 400 ml Salzwasser in einem Topf aufkochen und zugedeckt bei mittlerer Hitze in ca. 20 Min. garen. Den Deckel abnehmen und die Quinoa ca. 10 Min. abkühlen lassen. Mit 2 EL Limettensaft, Salz und Pfeffer abschmecken.

Inzwischen den Kürbis waschen, abtrocknen, längs halbieren, entkernen und in dünne Spalten schneiden. In einer großen Pfanne das Öl erhitzen. Die Kürbisscheiben darin bei mittlerer Hitze unter gelegentlichem Wenden ca. 5 Min. anbraten. Mit Salz und Pfeffer würzen. Dann 100 ml Wasser zufügen und den Kürbis zugedeckt noch 5 Min. köcheln lassen.

Die Bohnen abgießen, in einem Sieb abbrausen und abtropfen lassen. Die Tomaten waschen und halbieren. Die Avocado halbieren, entkernen, das Fruchtfleisch aus der Schale lösen und quer in dünne Spalten schneiden. Sofort mit 1 EL Limettensaft beträufeln. Den Rucola verlesen und von groben Stielen befreien, waschen und trocken schleudern.

DRESSING: Den Seidentofu mit Tahin und Limettensaft glatt rühren. Das Dressing mit Salz und Pfeffer würzen.

ANRICHTEN: Quinoa in Bowls verteilen. Kürbis, Bohnen, Tomaten, Avocado und Rucola darauf anrichten. Je 1 Klecks Dressing daraufgeben, die Bowls mit Pfeffer bestreuen und servieren. Das übrige Dressing dazu reichen.

# GRÜNE BULGUR-FETA-BOWL ◖

## FRÜHLINGS-REZEPT

### FÜR DIE BOWL

*170 g Bulgur*
*1 Zwiebel*
*2 EL Olivenöl*
*Salz*
*2 junge Kohlrabi mit zarten*
  *Blättern (ca. 500 g)*
*150 g TK-Erbsen*
*100 g Baby-Blattspinat*

### FÜR DAS DRESSING

*200 g griechischer Sahnejoghurt*
*4 EL Zitronensaft*
*Salz, Pfeffer*
*½ TL Pul Biber (ersatzweise*
  *Chiliflocken)*
*4 EL Olivenöl*

### FÜR DAS TOPPING

*150 g Schafskäse (Feta)*

### GUT ZU WISSEN

Man kann den Bulgur auch ohne Kochen quellen lassen: Mit gedünsteter Zwiebel, Salz und kaltem Wasser mischen und 8–12 Std. kühl stellen.

BOWL: Den Bulgur in einem Sieb abbrausen und gut abtropfen lassen. Die Zwiebel schälen und fein würfeln. Das Öl in einem Topf erhitzen. Die Zwiebel darin bei mittlerer Hitze glasig dünsten. Den Bulgur unterrühren, 350 ml Wasser und ½ TL Salz zugeben. Den Bulgur zugedeckt aufkochen, dann bei schwacher Hitze ca. 10 Min. ausquellen und anschließend offen auskühlen lassen.

Inzwischen den Kohlrabi putzen, schälen, halbieren und in schmale Spalten schneiden. Die zarten Blätter waschen, trocken schütteln, in feine Streifen schneiden und beiseitelegen. Den Kohlrabi und die gefrorenen Erbsen in kochendem Salzwasser ca. 2 Min. garen. Abgießen, abschrecken und gut abtropfen lassen. Den Spinat verlesen, waschen und trocken schleudern. Die Hälfte vom Spinat in feine Streifen schneiden.

DRESSING: Joghurt mit Zitronensaft, 75 ml Wasser, etwas Salz, Pfeffer, ¼ TL Pul Biber und Öl glatt rühren.

TOPPING: Die eine Hälfte vom Schafskäse in ca. 1 cm große Würfel schneiden, die andere zerbröseln.

ANRICHTEN: Die Hälfte der Joghurtsauce mit Bulgur, Spinatstreifen und Kohlrabiblättern mischen, evtl. nachwürzen. Die Mischung in Bowls verteilen. Den übrigen Spinat, Kohlrabi, Erbsen, Fetawürfel und das restliche Dressing auf dem Bulgur anrichten. Zerbröselten Schafskäse und den restlichen Pul Biber darüberstreuen und die Bowls servieren.

*Für 4 Personen • 40 Min. Zubereitung • Pro Portion ca. 600 kcal, 28 g EW, 37 g F, 37 g KH*

# BUCHWEIZEN-HALLOUMI-BOWL

SOMMER-REZEPT

*160 g Buchweizen*
*Salz*
*1 TL getrockneter Thymian*
*2 kleine Zucchini (ca. 350 g)*
*250 g Erdbeeren*
*150 g kleine weiße Champignons*
*4 EL Rotweinessig*
*2 EL Aceto balsamico*
*Pfeffer*
*4 EL Olivenöl*
*400 g Halloumi*
*4 Stängel Basilikum*

AUSSERDEM
*Spiralschneider*

**1** Buchweizen abspülen, in 500 ml Salzwasser mit dem Thymian aufkochen und zugedeckt bei kleiner Hitze in 15–20 Min. weich garen. Lauwarm abkühlen lassen. Inzwischen die Zucchini putzen, waschen und mit dem Spiralschneider in feine Streifen schneiden. Erdbeeren abbrausen, putzen, halbieren oder vierteln. Pilze putzen, abreiben und in dünne Scheiben schneiden.

**2** Beide Essige mit Salz, Pfeffer und 2 EL Öl zu einer Vinaigrette verrühren. Halloumi in Scheiben schneiden, trocken tupfen und in 2 EL Öl in einer großen Pfanne portionsweise bei mittlerer bis starker Hitze 3–4 Min. braten, zwischendurch wenden.

**3** Buchweizen mit der Hälfte der Vinaigrette mischen und in Bowls verteilen. Halloumi, Zucchini, Beeren und Pilze darauf anrichten. Mit dem übrigen Dressing beträufeln. Basilikum abbrausen, trocken schütteln und die Blätter vor dem Servieren aufstreuen.

*Für 4 Personen • 40 Min. Zubereitung • Pro Portion ca. 580 kcal, 14 g EW, 31 g F, 60 g KH*

# ORIENTALISCHE HIRSE-BOWL

GLUTENFREI

*6 EL Olivenöl*
*200 g Hirse*
*2 TL Currypulver*
*Salz*
*250 g Möhren*
*2 kleine Äpfel (z. B. Elstar)*
*1 Dose Kichererbsen*
*    (250 g Abtropfgewicht)*
*4 EL Zitronensaft*
*Pfeffer*
*1 Bund Petersilie*
*75 g Nuss-Cranberry-Mix*
*300 g griechischer Sahne-*
*    joghurt*

**1** In einem Topf 1 EL Öl erhitzen, Hirse und Curry 2–3 Min. bei mittlerer Hitze andünsten. 500 ml Salzwasser zugießen und aufkochen. Die Hirse zugedeckt bei kleiner Hitze 15–20 Min. quellen und dann offen lauwarm abkühlen lassen. Inzwischen Möhren putzen, schälen und raspeln. Äpfel waschen, vierteln, entkernen und in feine Scheiben schneiden. Kichererbsen kalt abbrausen und abtropfen lassen.

**2** Zitronensaft, Salz, Pfeffer und 5 EL Öl zu einem Dressing verrühren. Petersilie abbrausen, trocken schütteln und die Blätter fein hacken. Nussmix ebenfalls hacken. Joghurt mit 2–3 EL Wasser cremig rühren und leicht salzen.

**3** Hirse, halben Nussmix und Petersilie vermengen und in Bowls verteilen. Möhren, Äpfel und Kichererbsen daraufgeben. Die Bowls mit Dressing beträufeln und mit der übrigen Nussmischung bestreut servieren. Den Joghurt dazu reichen.

Superfoods brauchen keine weite Anreise: Diese Bowl steckt voller regionaler Schätze, die jede Menge gesundheitsfördernde Inhaltsstoffe haben und obendrein meist günstiger, frischer und vitalstoffreicher sind als die Exoten.

Für 4 Personen • 45 Min. Zubereitung • Pro Portion ca. 335 kcal, 8 g EW, 15 g F, 41 g KH

# SUPERFOOD-BOWL 🍃

VOLLWERT

## FÜR DIE BOWL

200 g Natur-Reis
Salz
300 g Brokkoli
125 g Radieschen
4 EL Heidelbeeren
60 g Brunnenkresse (ersatzweise
   Baby-Blattspinat)

## FÜR DAS DRESSING

4 EL Zitronensaft
1 TL scharfer Senf
Salz, Pfeffer
4 EL Leinöl
4 Stängel Petersilie

## FÜR DAS TOPPING

2 EL Walnusskerne

**BOWL:** Den Reis in der 2,5fachen Menge kochendem Salzwasser nach Packungsanweisung in ca. 30 Min. garen. Dann abgießen, abtropfen und ca. 10 Min. abkühlen lassen.

Inzwischen den Brokkoli waschen, putzen, in Röschen teilen und diese längs halbieren. Die Brokkoliröschen in kochendem Salzwasser ca. 3 Min. blanchieren, dann in ein Sieb gießen, eiskalt abschrecken und abtropfen lassen. Radieschen putzen, waschen und in feine Scheiben schneiden. Heidelbeeren abbrausen und verlesen. Die Brunnenkresse waschen und trocken schütteln, harte Stängel entfernen.

**DRESSING:** Zitronensaft mit Senf, Salz und Pfeffer verrühren. Das Leinöl nach und nach unterschlagen. Die Petersilie abbrausen und trocken schütteln. Die Blätter fein hacken und unterrühren. Den Reis mit dem Dressing vermischen.

**TOPPING:** Die Walnüsse grob hacken und in einer Pfanne ohne Fett bei mittlerer Hitze anrösten. Die Nüsse vom Herd nehmen und abkühlen lassen.

**ANRICHTEN:** Den Reis in Bowls verteilen. Brokkoli, Radieschen, Heidelbeeren, Brunnenkresse und geröstete Walnüsse darauf anrichten. Die Bowls servieren.

*Für 4 Personen • 45 Min. Zubereitung • Pro Portion ca. 615 kcal, 23 g EW, 39 g F, 41 g KH*

# QUINOA-BOWL MIT RÖST-ROSENKOHL ◖

WINTER-REZEPT

## FÜR DIE BOWL
*200 g bunte Quinoa*
*Salz*
*500 g Rosenkohl*
*400 g Steckrüben*
*2 EL Olivenöl*
*Pfeffer*
*1 Avocado*
*1 EL Limettensaft*
*100 g Feldsalat*

## FÜR DAS DRESSING
*2 EL Limettensaft*
*2 TL Dijon-Senf*
*Salz, Pfeffer*
*4 EL Olivenöl*
*1 Schalotte*

## FÜR DAS TOPPING
*½ EL Olivenöl*
*4 Eier (Größe L)*
*Salz, Pfeffer*

### MEHR DARAUS MACHEN
Wer mag, kann noch etwas geriebenen Parmesan vor dem Servieren auf die Bowl streuen.

BOWL: Die Quinoa waschen und in einem Topf mit 500 ml Salzwasser aufkochen. Zugedeckt bei mittlerer Hitze ca. 20 Min. köcheln und dann lauwarm abkühlen lassen. Inzwischen den Backofen auf 200° vorheizen. Rosenkohl waschen, putzen und die Röschen halbieren oder vierteln. Steckrüben putzen, schälen und ca. 1,5 cm groß würfeln. Beides getrennt voneinander auf einem mit Backpapier ausgelegten Blech verteilen. Öl, ½ TL Salz und Pfeffer verrühren und mit dem Rosenkohl und den Steckrüben vermengen. Das Gemüse im Ofen (Mitte) in 15–20 Min. hellbraun rösten.

Inzwischen die Avocado halbieren, entkernen, das Fruchtfleisch aus der Schale lösen und in dünne Spalten schneiden. Sofort mit Limettensaft beträufeln. Den Salat verlesen, waschen und trocken schleudern.

DRESSING: Limettensaft, Senf, Salz, Pfeffer und Öl verrühren. Die Schalotte schälen, fein würfeln und untermischen.

TOPPING: In einer beschichteten Pfanne das Öl erhitzen. Die Eier hineinschlagen und 1–2 Min. bei mittlerer Hitze braten, bis das Eiweiß gestockt ist. Salzen und pfeffern.

ANRICHTEN: Die Quinoa mit der Hälfte vom Dressing vermischen und in Bowls verteilen. Rosenkohl, Steckrüben, Avocado, Feldsalat und je 1 Spiegelei darauf anrichten. Die Bowls mit der übrigen Sauce beträufeln und sofort servieren.

# LINSEN-SPARGEL-BOWL MIT EI 🌿

## FÜR DIE BOWL

*250 g Beluga-Linsen*
*Salz*
*500 g grüner Spargel*
*2 Stangen Lauch (ca. 500 g)*
*400 ml Gemüsebrühe*
*4 Eier (M)*

## FÜR DAS DRESSING

*4 EL Aceto balsamico bianco*
*Salz, Pfeffer*
*1 TL scharfer Senf*
*4 EL Olivenöl*

## FÜR DAS TOPPING

*4 EL Sonnenblumenkerne*
*40 g Parmesan*

### GUT ZU WISSEN

Von wegen Salz im Kochwasser verlängert die Garzeit von Hülsenfrüchten! Im Gegenteil: Es hilft, die pektinhaltigen Schalen zu lockern. So werden Linsen und Co. durchlässiger für Wasser und rascher gar.

BOWL: Die Linsen in einem Sieb abbrausen, abtropfen lassen und mit 500 ml Salzwasser in einen Topf geben. Alles zum Kochen bringen, dann die Linsen zugedeckt bei kleiner Hitze in 20–25 Min. garen. Anschließend die Linsen abgießen, abtropfen und auskühlen lassen.

Inzwischen den Spargel waschen, im unteren Drittel schälen und die Enden entfernen. Die Stangen je nach Dicke längs halbieren und quer durchschneiden. Lauch putzen, gründlich waschen, das Weiße und Hellgrüne längs vierteln und quer halbieren. Brühe in einem Topf aufkochen. Spargel und Lauch nacheinander hineingeben und bei mittlerer Hitze in je 3–4 Min. bissfest garen. Das Gemüse mit einer Schaumkelle herausheben, abtropfen lassen und 50 ml Brühe abnehmen. Die Eier anstechen, in kochendem Wasser in 5–6 Min. wachsweich garen. Abschrecken, pellen und halbieren.

DRESSING: Den Essig mit Salz, Pfeffer, Senf, 50 ml Brühe und dem Öl gut verrühren.

TOPPING: Die Sonnenblumenkerne in einer kleinen Pfanne ohne Fett bei mittlerer Hitze 4–5 Min. rösten, bis sie duften. Den Parmesan grob raspeln.

ANRICHTEN: Die Linsen mit der Hälfte des Dressings mischen und in Bowls verteilen. Spargel, Lauch und Eier darauf anrichten. Die Bowls mit Kernen und Parmesan bestreuen und mit dem übrigen Dressing beträufelt servieren.

*Für 4 Personen • 30 Min. Zubereitung • Pro Portion ca. 450 kcal, 16 g EW, 31 g F, 24 g KH*

# SOMMER-BOWL MIT EDAMAME

### SCHNELL

*250 g TK-Edamame (Soja-*
  *bohnenkerne in der Schote)*
*Salz*
*200 g Salat-Mix*
*3 Mini-Gurken (ca. 450 g)*
*250 g Kirschtomaten*
*2 kleine rote Zwiebeln*
*150 g Mini-Mozzarella*
*4 EL Kerne-Mix*
*3 EL Aceto balsamico bianco*
*2 TL Basilikumpesto (Glas)*
*Pfeffer*
*6 EL Olivenöl*

#### AUSSERDEM

*Spiralschneider*

**1** Die Edamame in kochendem Salzwasser in 5–8 Min. garen. In ein Sieb abgießen und etwas abkühlen lassen. Dann die Kerne aus den Schoten lösen bzw. drücken. Die Salate putzen, waschen, trocken schleudern und in Stücke zupfen. Die Gurken waschen, putzen und mit dem Spiralschneider in feine Streifen schneiden. Die Tomaten abbrausen und halbieren. Die Zwiebeln schälen und in dünne Ringe schneiden. Die Mozzarellakugeln abgießen und abtropfen lassen.

**2** Den Kerne-Mix in einer Pfanne ohne Fett bei mittlerer Hitze goldbraun rösten. Vom Herd nehmen und abkühlen lassen. Essig, 3 EL Wasser, Pesto, Salz und Pfeffer gründlich verrühren, das Öl nach und nach unterschlagen.

**3** Den Salat-Mix auf Bowls verteilen. Edamame, Gurken, Zwiebeln, Tomaten und Mozzarella darauf anrichten. Die Bowls mit dem Dressing beträufeln und mit den Kernen bestreut servieren.

*Für 4 Personen • 40 Min. Zubereitung • Pro Portion ca. 415 kcal, 22 g EW, 21 g F, 27 g KH*

# RAINBOW BUDDHA BOWL 🍃

## LOW CARB

*200 g Lupinenfilet (aus dem
 Bioladen)*
*400 g Grünkohl (ersatzweise
 300 g aufgetauter TK-
 Grünkohl)*
*1 Knoblauchzehe*
*3 EL Olivenöl*
*Salz, Pfeffer*
*300 g gegarte Rote Bete
 (vakuumiert)*
*400 g Papaya*
*3 EL Cashew-Mus (ersatzweise
 Mandelmus)*
*3 EL helle Sojasauce*
*3 EL Zitronensaft*
*1 EL Ahornsirup*

**1** Das Lupinenfilet trocken tupfen und in Streifen schneiden. Grünkohl putzen, waschen, abtropfen lassen und grob schneiden. Knoblauch schälen und fein würfeln. 2 EL Öl in einer großen Pfanne erhitzen, Grünkohl und Knoblauch darin bei starker Hitze 1–2 Min. anbraten. 5 EL Wasser zugeben, den Kohl bei mittlerer Hitze zugedeckt ca. 5 Min. dünsten, ab und zu wenden. Salzen und pfeffern.

**2** Die Rote Bete 1–2 cm groß würfeln. Die Papaya längs halbieren, entkernen, schälen und in dünne Spalten schneiden. Cashewmus, Sojasauce, Zitronensaft, Ahornsirup und 3 EL Wasser zu einem cremigen Dressing verrühren.

**3** Das Lupinenfilet im übrigen Öl in einer beschichteten Pfanne bei mittlerer Hitze von beiden Seiten 3–4 Min. braten. Lupinenfilet, Grünkohl, Rote Bete und Papaya nebeneinander in Bowls anrichten. Mit Dressing beträufeln und servieren.

# KÜRBIS-COUSCOUS-BOWL 🍃

## HERBST-REZEPT

### FÜR DIE BOWL

*150 g Couscous*
*Salz, Pfeffer*
*1 kleiner Hokkaido-Kürbis*
*(ca. 700 g)*
*500 g Blumenkohl*
*6 EL Olivenöl*
*2 kleine rote Zwiebeln*
*80 g Baby-Blattspinat*

### FÜR DAS DRESSING

*1 Avocado*
*4 EL Limettensaft*
*2 EL Joghurt*
*Salz, Pfeffer*

### FÜR DAS TOPPING

*1 kleiner Granatapfel*

### TAUSCH-TIPP

Ist die Kürbissaison schon vorbei? Macht nichts. Die Bowl schmeckt auch prima mit gebackenen Süßkartoffeln.

**BOWL:** Den Couscous mit 300 ml kochendem Salzwasser übergießen. Zugedeckt ca. 10 Min. quellen lassen. Dann mit einer Gabel auflockern, salzen, pfeffern und abkühlen lassen.

Inzwischen den Backofen auf 180° vorheizen. Den Kürbis waschen, putzen, halbieren und entkernen. Die Hälften ca. 2 cm groß würfeln. Den Blumenkohl waschen, putzen und in Röschen teilen. Beides getrennt voneinander auf einem mit Backpapier ausgelegten Blech verteilen. 5 EL Öl, Salz und Pfeffer vermengen und mit Kürbis und Blumenkohl mischen. Das Gemüse im Ofen (Mitte) 20–25 Min. backen.

Die Zwiebeln schälen, halbieren und in feine Streifen schneiden. 1 EL Öl in einer Pfanne erhitzen und die Zwiebeln darin bei mittlerer Hitze glasig dünsten. Den Spinat verlesen, waschen und trocken schleudern.

**DRESSING:** Die Avocado halbieren und entkernen. Das Fruchtfleisch aus der Schale lösen und mit Limettensaft und Joghurt pürieren. Mit Salz und Pfeffer würzen.

**TOPPING:** Den Granatapfel halbieren, die Kerne auslösen und von anhaftenden weißen Häutchen befreien.

**ANRICHTEN:** Den Couscous auf Bowls verteilen. Kürbis, Blumenkohl, Spinat und Zwiebeln darauf anrichten. Die Granatapfelkerne darüberstreuen und alles mit Dressing beträufeln. Die Bowls pfeffern und sofort servieren.

# THAI BUDDHA BOWL MIT TOFU 🌿

VEGAN

## FÜR DIE BOWL

250 g roter Reis (ersatzweise
  Natur-Reis)
Salz
200 g Zuckerschoten
400 g Rotkohl
300 g Tofu
2 EL Erdnussöl

## FÜR DAS DRESSING

100 ml Gemüsebrühe
200 g Kokosmilch (aus der Dose)
60 g Erdnussmus
2 TL rote Thai-Currypaste
2 EL Limettensaft
Salz, Pfeffer

### GUT ZU WISSEN

Roter Reis wird vor allem in Asi-
en, aber auch in der französi-
schen Camargue angebaut. Die
mittelkörnige Sorte mit leicht
nussigem Geschmack ist ein
Natur-Reis, der reichlich Ballast-
stoffe, Vitamine der B-Gruppe
und Mineralstoffe enthält.

BOWL: Den Reis in der doppelten Menge leicht gesalzenem Wasser in 30–40 Min. garen. Dann abgießen, abtropfen und ca. 10 Min. abkühlen lassen.

Inzwischen die Zuckerschoten waschen, putzen und in kochendem Salzwasser ca. 15 Sek. blanchieren. In ein Sieb gießen, abschrecken und abtropfen lassen, anschließend längs in feine Streifen schneiden. Rotkohl putzen, waschen und ebenfalls in dünne Streifen schneiden. Die Kohlstreifen salzen und 2 Min. mit den Händen kräftig kneten. Den Tofu trocken tupfen und in ca. 1 ½ cm große Würfel schneiden.

In einer Pfanne das Öl erhitzen. Den Tofu darin bei mittlerer Hitze in ca. 5 Min. unter Wenden goldbraun braten. Den Tofu abgedeckt warm halten.

DRESSING: Brühe und Kokosmilch in einem kleinen Topf aufkochen. Das Erdnussmus und die Currypaste unterrühren und alles 2–3 Min. bei milder Hitze köcheln lassen. Den Topf vom Herd nehmen und das Dressing mit Limettensaft, Salz und Pfeffer abschmecken.

ANRICHTEN: Reis in Bowls verteilen. Zuckerschoten, Rotkohl und Tofu darauf anrichten. Die Hälfte der Erdnuss-Kokos-Sauce darüberträufeln. Das restliche Dressing dazu reichen.

# SUSHI-BOWL MIT EIERRÖLLCHEN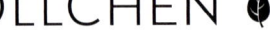

## AUS JAPAN

### FÜR DIE BOWL

250 g Sushi-Reis
2 Mini-Gurken (ca. 300 g)
2 rote Spitzpaprika
1 große Avocado

### FÜR DAS DRESSING

2 EL Sojasauce
2 EL heller Reisessig
1 TL Wasabipaste
3 EL dunkles Sesamöl

### FÜR DAS TOPPING

1 EL getrocknete Nori-Flocken
    (Bio- oder Asienladen)
Salz, Pfeffer
3 Eier (M)
2 TL dunkles Sesamöl

### TAUSCH-TIPP

Statt Nori-Flocken können Sie auch 1 Nori-Blatt verwenden. Dieses in grobe Stücke schneiden und in einer Pfanne ohne Fett von beiden Seiten kurz rösten. Abkühlen lassen und fein hacken.

**BOWL:** Den Reis in einer Schüssel mit kaltem Wasser bedecken, waschen und in ein Sieb abgießen. Den Vorgang so lange wiederholen, bis das Wasser klar bleibt. Den abgetropften Reis mit 270 ml Wasser in einem Topf ca. 30 Min. einweichen, dann mit halb geöffnetem Deckel aufkochen und ca. 2 Min. kochen lassen. Zugedeckt bei kleiner Hitze in ca. 20 Min. garen. Vom Herd nehmen und 10–15 Min. ziehen lassen.

Inzwischen die Gurken waschen und in dünne Scheiben schneiden. Paprika waschen, halbieren, weiße Trennwände und Kerne entfernen und die Hälften in feine Streifen schneiden. Die Avocado halbieren, entkernen, das Fruchtfleisch aus der Schale lösen und in dünne Spalten schneiden.

**DRESSING:** Sojasauce, 2 EL Wasser, Essig, Wasabi und Sesamöl in einer Schüssel gründlich verrühren.

**TOPPING:** Nori-Flocken mit etwas Salz und Pfeffer mischen. Eier mit 2 EL Wasser verquirlen. Das Öl in einer kleinen beschichteten Pfanne erhitzen. Aus der Eiermasse nacheinander bei kleiner bis mittlerer Hitze zwei Omeletts backen. Diese aufrollen, kurz abkühlen lassen, dann in Scheiben schneiden.

**ANRICHTEN:** Den Reis auf Bowls verteilen. Gurken, Paprika, Avocado und Eierröllchen darauf anrichten. Mit dem Dressing beträufeln und mit dem Nori-Mix bestreut servieren.

# SÜSSKARTOFFEL-NUSS-BOWL 🍃

## FÜR DIE BOWL

*1 kg Süßkartoffeln*
*6 EL Erdnussöl*
*Salz*
*1 kleiner Granatapfel*
*100 g gemischte Sprossen*
    *(z. B. Linsen, Rettich, Alfalfa)*
*2 Pink Grapefruits*
*500 g Baby-Pak-Choi*
*50 ml Sojasauce*

## FÜR DAS TOPPING

*1 EL Erdnussöl*
*1 TL Garam masala (indische*
    *Gewürzmischung; ersatzweise*
    *Currypulver)*
*½ TL brauner Zucker*
*Salz*
*80 g Nusskern-Mix*

### TAUSCH-TIPP

Pak Choi ist ein Verwandter des Chinakohls, durch den Sie ihn ersetzen können, falls die knackig grüne Kohlart im Supermarkt oder Gemüseladen gerade nicht angeboten wird.

BOWL: Den Backofen auf 180° vorheizen. Süßkartoffeln schälen, waschen und 2 cm groß würfeln. Mit 4 EL Öl und Salz gut mischen und auf ein mit Backpapier ausgelegtes Blech geben, ein Viertel vom Blech frei lassen. Die Süßkartoffeln im Ofen (Mitte) ca. 25 Min. backen (Garprobe machen!).

Inzwischen den Granatapfel halbieren, die Kerne aus der Schale lösen, dabei die weißen Häutchen entfernen und den austretenden Saft auffangen. Die Sprossen heiß abbrausen und abtropfen lassen. Die Grapefruits so schälen, dass die weiße Haut komplett entfernt wird. Die Filets zwischen den Trennhäuten herausschneiden, dabei den Saft auffangen. Pak Choi waschen, halbieren, den Strunk nur so weit entfernen, dass die Blätter noch zusammenhalten. 2 EL Öl in einer Pfanne erhitzen, den Pak Choi darin bei mittlerer Hitze 1–2 Min. anbraten. Grapefruit- und Granatapfelsaft mit der Sojasauce zu einem Dressing verrühren.

TOPPING: Öl mit Garam masala, Zucker und etwas Salz verrühren. Die Nüsse darin wenden und nach ca. 15 Min. Backzeit zu den Süßkartoffeln auf das Blech geben. Für 10–15 Min. mitrösten. Das Blech aus dem Ofen nehmen.

ANRICHTEN: Süßkartoffelwürfel, Pak Choi, Sprossen, Grapefruitfilets und Granatapfelkerne in Bowls anrichten. Mit dem Dressing beträufeln. Die Nüsse grob hacken, die Bowls damit bestreuen und sofort servieren.

# BOWLS MIT FLEISCH & FISCH

*Für 4 Personen • 50 Min. Zubereitung • Pro Portion ca. 555 kcal, 42 g EW, 24 g F, 35 g KH*

# LINSEN-AUBERGINEN-BOWL MIT LAMM

MEDITERRAN

### FÜR DIE BOWL
*250 g Berglinsen*
*Salz*
*2 Auberginen (ca. 600 g)*
*Pfeffer*
*2 EL Olivenöl*
*100 g getrocknete Tomaten in Öl (aus dem Glas)*
*100 g Baby-Blattspinat*
*3 Stängel Majoran*

### FÜR DAS DRESSING
*1 Zwiebel*
*3 EL Olivenöl*
*2 EL Weißweinessig*
*Salz, Pfeffer*

### FÜR DAS TOPPING
*1 Knoblauchzehe*
*2 EL Olivenöl*
*2–3 Lammrückenfilets (ca. 400 g)*
*Salz, Pfeffer*

### MEHR DARAUS MACHEN
300 g Joghurt mit 4 TL Harissa verrühren und je 1 großen Klecks auf die Bowls geben.

**BOWL:** Die Linsen in 700 ml kochendem Salzwasser zugedeckt bei kleiner Hitze in 25–30 Min. garen. Abgießen und dabei 100 ml Kochwasser auffangen. Die Linsen abtropfen und lauwarm abkühlen lassen.

Inzwischen den Backofen auf 180° vorheizen. Auberginen waschen, putzen, längs halbieren und in dicke Scheiben schneiden. Diese beidseitig salzen, pfeffern und mit Öl bepinseln. Auf ein Blech legen und im Ofen (Mitte) in ca. 20 Min. weich garen. Auberginen lauwarm abkühlen lassen. Tomaten abtropfen lassen, dabei 4 EL Öl auffangen. Die Tomaten grob schneiden. Spinat verlesen, waschen und trocken schleudern. Majoran abbrausen, trocken schütteln und die Blätter hacken.

**DRESSING:** Zwiebel schälen, fein würfeln und in 1 EL Öl in einer Pfanne bei mittlerer Hitze 2–3 Min. andünsten. Mit dem Linsenkochwasser ablöschen, dann Essig, etwas Salz, Pfeffer, Tomatenöl und 2 EL Olivenöl unterrühren. Die Linsen mit Dressing und Majoran vermengen, evtl. nachwürzen.

**TOPPING:** Knoblauch schälen und fein würfeln. Öl in einer beschichteten Pfanne erhitzen, das Fleisch darin 2–3 Min. pro Seite anbraten, salzen und pfeffern. Knoblauch kurz mitbraten. Lammfilets in Alufolie wickeln und 5 Min. ruhen lassen.

**ANRICHTEN:** Linsen auf Bowls verteilen, Tomaten, Spinat und Auberginen darauf anrichten. Fleisch in Scheiben schneiden, obenauf setzen, pfeffern und die Bowls sofort servieren.

# WEIZEN-BOWL MIT HACK-GRÖSTL

EINFACH

## FÜR DIE BOWL

*200 g Zartweizen*
*Salz, Pfeffer*
*4 EL Olivenöl*
*500 g Sauerkraut (aus dem Glas)*
*1 Mango*
*2 Stangen Staudensellerie*

## FÜR DAS GRÖSTL

*3 Frühlingszwiebeln*
*1 EL Olivenöl*
*200 g Rinderhackfleisch*
*2 EL gehackte Mandeln*
*Salz, Pfeffer*

## FÜR DAS TOPPING

*200 g saure Sahne*
*Salz, Pfeffer*
*½ Bund Schnittlauch*

### MEHR DARAUS MACHEN

Lust auf noch mehr Crunch? Einfach ein paar Gemüse- oder Kartoffelchips auf die fruchtig-frische Sauerkraut-Bowl streuen. Auch Röstzwiebeln harmonieren super.

BOWL: Den Zartweizen nach Packungsanweisung in kochendem Salzwasser in 12–15 Min. garen, dann abgießen und gut abtropfen lassen. Zartweizen mit Salz, Pfeffer und Öl vermischen und abkühlen lassen.

Inzwischen das Sauerkraut in ein Sieb geben, gründlich abtropfen lassen und mit einem Löffel zusätzlich gut ausdrücken. Die Mango schälen, das Fruchtfleisch vom Stein schneiden und in dünne Streifen zerteilen. Den Sellerie waschen, putzen und in feine Scheiben schneiden.

GRÖSTL: Frühlingszwiebeln waschen, putzen und in dünne Ringe schneiden. Das Öl in einer Pfanne erhitzen. Das Hackfleisch darin unter Wenden bei mittlerer bis starker Hitze in ca. 5 Min. braun und krümelig braten. Mandeln und Frühlingszwiebeln kurz mitbraten, alles leicht salzen und pfeffern.

TOPPING: Die saure Sahne mit etwas Salz und Pfeffer verrühren. Den Schnittlauch waschen, trocken schütteln und in feine Röllchen schneiden.

ANRICHTEN: Zartweizen, Sellerie, Sauerkraut, Mango und Gröstl nebeneinander in Bowls anrichten. Die saure Sahne jeweils in einer Schale in die Mitte setzen oder je 1 Klecks saure Sahne auf die Bowls geben. Mit Schnittlauch und Pfeffer bestreut servieren.

1

2

3

# ASIA-NUDEL-SCHÜSSEL MIT HUHN

SCHARF

4

5

6

## FÜR DIE BOWL

*250 g Mie-Eiernudeln*
*5 Frühlingszwiebeln*
*1 Stück Ingwer (ca. 2 cm)*
*120 g frische Mungbohnensprossen*
  *(ersatzweise aus dem Glas)*
*2 rote Spitzpaprika*
*400 g Hähnchenbrustfilets*
*2 EL Erdnussöl*
*4 EL Sojasauce*
*4 EL süße Chilisauce*
*Salz, Pfeffer*

## FÜR DAS TOPPING

*60 g Erdnusskerne (geröstet und*
  *gesalzen)*

### MEHR DARAUS MACHEN

Für einen extra Asia-Kick können Sie die Bowls vor dem Servieren noch mit etwas Sesamöl beträufeln und mit 1 Handvoll Korianderblättern bestreuen.

BOWL: Die Nudeln in einen Topf mit kochendem Wasser geben, vom Herd nehmen und zugedeckt ca. 4 Min. ziehen lassen (Bild 1). Dann die Nudeln mit einer Gabel umrühren und in einem Sieb abtropfen lassen. Die Frühlingszwiebeln waschen, putzen und in feine Ringe schneiden (Bild 2). Den Ingwer schälen und fein würfeln. Die Sprossen in einem Sieb heiß abbrausen und abtropfen lassen. Die Paprika waschen, halbieren, weiße Trennwände und Kerne entfernen und die Hälften in dünne Streifen schneiden.

Hähnchenbrustfilets trocken tupfen und in ca. 5 mm dicke Scheiben schneiden. Das Öl in einer großen Pfanne erhitzen. Das Fleisch darin in zwei Portionen unter Wenden bei mittlerer bis starker Hitze 3–4 Min. braten (Bild 3). Vom Herd nehmen und mit 2 EL Sojasauce beträufeln.

ANRICHTEN: Die Nudeln auf Bowls verteilen (Bild 4). In einem Topf 500 ml Wasser aufkochen, Ingwer, Chilisauce und übrige Sojasauce unterrühren (Bild 5). Mit wenig Salz und Pfeffer würzen. Fleisch, Frühlingszwiebeln, Paprika und Sprossen auf den Nudeln anrichten. Die Bowls mit der kochenden Würzsauce übergießen.

TOPPING: Die Erdnüsse grob hacken, aufstreuen und die Bowls sofort servieren (Bild 6).

# TANDOORI CHICKEN AUF GLASNUDELN

### FÜR GÄSTE

### FÜR DIE BOWL

*1 EL Tandoori-Paste (Asienladen)*
*2 EL Joghurt*
*400 g Hähnchenbrustfilets*
*150 g Glasnudeln*
*300 g Spitzkohl*
*Salz*
*250 g Möhren*
*2 EL Erdnussöl*

### FÜR DAS DRESSING

*1 Bio-Limette*
*3 EL Hoisinsauce (Asienladen)*
*3 EL Sojasauce*
*3 EL Erdnussöl*
*Salz, Pfeffer*

### FÜR DAS TOPPING

*½ Bund Koriandergrün*

### GUT ZU WISSEN

Tandoori-Paste besteht aus Chili, Kreuzkümmel, Koriandersamen, Ingwer und Knoblauch. Mit Joghurt vermischt verleiht sie Geflügel und Fisch ein würzig-säuerliches Aroma.

BOWL: Tandoori-Paste mit Joghurt vermischen und in eine große Schüssel geben. Die Hähnchenbrustfilets trocken tupfen, in der Marinade von beiden Seiten wenden und ca. 30 Min. marinieren.

Inzwischen die Glasnudeln in eine Schüssel geben, mit reichlich kochendem Wasser übergießen und 3–4 Min. ziehen lassen. Die Nudeln in ein Sieb gießen, abtropfen lassen und mit der Schere einmal halbieren. Den Spitzkohl waschen, putzen und in sehr feine Streifen schneiden. Die Kohlstreifen in eine Schüssel geben, salzen und ca. 2 Min. kräftig durchkneten. Die Möhren putzen, schälen und grob raspeln.

DRESSING: Die Limette heiß waschen, trocken tupfen, die Schale fein abreiben und den Saft aufpressen. Beides mit Hoisinsauce, Sojasauce und Öl verrühren. Das Dressing leicht mit Salz und Pfeffer würzen.

FERTIGSTELLEN: Das Öl in einer beschichteten Pfanne erhitzen, das Tandoori-Hähnchen darin bei mittlerer Hitze von jeder Seite 5–6 Min. braten. Das Fleisch herausnehmen, in Alufolie wickeln und ca. 5 Min. ruhen lassen. Dann aus der Folie nehmen und schräg in dünne Scheiben schneiden.

ANRICHTEN: Die Glasnudeln mit zwei Drittel der Sauce vermischen und in Bowls verteilen. Spitzkohl, Möhren und Fleisch darauf anrichten. Mit dem übrigen Dressing beträufeln und mit abgezupften Korianderblättern bestreut servieren.

# POKÉ BOWL MIT ROHEM LACHS

AUS HAWAII

### FÜR DIE BOWL

*250 g Risotto- oder Sushi-Reis*
*Salz*
*500 g Lachsfilet (ohne Haut; Sushi-*
  *Qualität)*
*1 Stück Ingwer (ca. 1,5 cm)*
*1 Knoblauchzehe*
*5 EL Sojasauce*
*2 EL dunkles Sesamöl*
*2 kleine Avocados*
*1 Limette*
*3 Frühlingszwiebeln*

### FÜR DAS TOPPING

*2 EL schwarzer Sesam (ersatzweise*
  *heller Sesam)*

### GUT ZU WISSEN

»Poké« bedeutet aus dem Ha-
waiianischen übersetzt ge-
schnitten oder gestückelt und
ist ein Hinweis auf die Haupt-
zutat der Bowl: in Stücke ge-
schnittener Fisch wie Lachs
oder Thunfisch. Wichtig: Er
muss ganz frisch sein – in bes-
ter Sushi-Qualität.

BOWL: Den Reis in der 2,5fachen Menge kochendem Salzwasser nach Packungsanweisung in ca. 20 Min. garen. Dann
abgießen, abtropfen und ca. 10 Min. abkühlen lassen.

Inzwischen das Lachsfilet waschen, trocken tupfen und in
ca. 1,5 cm große Würfel schneiden. Ingwer und Knoblauch
schälen und fein würfeln. Beides mit der Sojasauce und dem
Sesamöl in einer flachen Schale verrühren. Die Fischwürfel zugeben und mit der Marinade vermischen. Zugedeckt im Kühlschrank ca. 10 Min. ziehen lassen.

Die Avocados halbieren, entkernen, das Fruchtfleisch aus der
Schale lösen und in ca. 1,5 cm große Würfel schneiden. Die Limette halbieren, den Saft auspressen und über die Avocados
träufeln. Die Frühlingszwiebeln waschen, putzen und schräg
in dünne Ringe schneiden.

TOPPING: Den Sesam in einer Pfanne ohne Fett bei mittlerer Hitze anrösten. Die Pfanne vom Herd nehmen und den Sesam auf einem Teller abkühlen lassen.

ANRICHTEN: Den Reis in Bowls verteilen. Die Lachswürfel
abtropfen lassen und mit den Avocados und Frühlingszwiebeln darauf anrichten. Mit der übrigen Marinade beträufeln.
Die Bowls mit Sesam bestreuen und sofort servieren.

Bei dieser Bowl quellen Wild- und Basmati-Reis trotz unterschiedlicher Garzeiten im selben Topf und sind nach ca. 15 Min. genussfertig. Wie das geht? Die schwarzen Körner werden für Mischungen leicht angeritzt oder gebrochen, um die Garzeit zu verkürzen.

# WILDREIS-BOWL MIT GARNELEN

### SCHARF

### FÜR DIE BOWL
*250 g Basmati-Wildreis-Mix*
*Salz*
*½ Ananas (ca. 500 g)*
*100 g Rucola*
*2 Mini-Gurken (ca. 300 g)*

### FÜR DAS DRESSING
*300 g Joghurt*
*2 EL Salatmayonnaise*
*4 EL Limettensaft*
*Salz*
*½ TL Chiliflocken*

### FÜR DAS TOPPING
*400 g rohe Garnelen (geschält)*
*2 EL Olivenöl*
*Salz*

BOWL: Den Reis nach Packungsanweisung in der 2,5fachen Menge leicht gesalzenem Wasser in 15–18 Min. garen.

Inzwischen die Ananas schälen, der Länge nach dritteln, den harten Strunk entfernen und die Drittel in dünne Scheiben schneiden. Den Rucola verlesen und von groben Stielen befreien, waschen und trocken schleudern. Die Gurken waschen, längs halbieren und in dünne Scheiben schneiden.

DRESSING: Den Joghurt mit Mayonnaise und Limettensaft verrühren und mit Salz und ¼ TL Chiliflocken abschmecken.

TOPPING: Die Garnelen waschen und trocken tupfen. Das Öl in einer großen Pfanne erhitzen, die Garnelen darin bei mittlerer bis starker Hitze ca. 2 Min. von jeder Seite braten. Vom Herd nehmen und salzen.

ANRICHTEN: Den Reis auf Bowls verteilen. Rucola, Ananas, Gurken und Garnelen darauf anrichten. Die Bowls mit der Hälfte vom Dressing – nach Belieben in Streifen – beträufeln und mit den restlichen Chiliflocken bestreuen. Das übrige Dressing dazu reichen.

*Für 4 Personen • 40 Min. Zubereitung • Pro Portion ca. 590 kcal, 34 g EW, 35 g F, 33 g KH*

# KARTOFFEL-LACHS-BOWL

## GLUTENFREI

*600 g kleine festkochende*
*Kartoffeln (z. B. Drillinge)*
*5 EL Olivenöl*
*Salz, Pfeffer*
*300 g Joghurt*
*2 EL Zitronensaft*
*2 TL geriebener Meerrettich*
*(aus dem Glas)*
*1 Bund Dill*
*100 g Feldsalat*
*300 g gegarte Rote Bete*
*(vakuumiert)*
*1 rote Zwiebel*
*375 g Stremellachs (mit Haut)*

**1** Den Backofen auf 200° vorheizen. Kartoffeln gründlich waschen, in ca. 5 mm dicke Scheiben schneiden und in einer flachen Form verteilen. Mit 4 EL Öl, Salz und Pfeffer vermengen. Kartoffeln im heißen Ofen (Mitte) in ca. 30 Min. knusprig backen.

**2** Inzwischen Joghurt mit Zitronensaft, Meerrettich, Salz und Pfeffer verrühren. Dill abbrausen und trocken schütteln. Die Blättchen (bis auf ein paar zum Dekorieren) hacken und untermischen. Feldsalat verlesen, waschen und trocken schleudern. Rote Bete ca. 1 cm groß würfeln. Die Zwiebel schälen, fein würfeln und mit der Roten Bete im übrigen Öl 2–3 Min. bei mittlerer Hitze andünsten. Lachs enthäuten und mit einer Gabel in Stücke zupfen.

**3** Kartoffeln, Feldsalat, Rote Bete und Lachsstücke in Bowls anrichten. Etwas Joghurtdip daraufgeben und alles mit Dill garnieren, den restlichen Dip dazu reichen.

*Für 4 Personen • 40 Min. Zubereitung • Pro Portion ca. 515 kcal, 19 g EW, 34 g F, 38 g KH*

# GRAUPEN-MATJES-BOWL

## SOMMER-REZEPT

150 g Perlgraupen
Salz
250 g grüne Bohnen
125 g rote Kirschtomaten
125 g gelbe Kirschtomaten
125 g Radieschen
4 Matjesfilets (à ca. 80 g)
1 Bund Petersilie
3 EL Weißweinessig
Pfeffer
6 EL Olivenöl
60 g Pumpernickel

**1** Die Graupen kalt abbrausen, dann in kochendem Salzwasser bei mittlerer Hitze zugedeckt in 20–25 Min. garen. In ein Sieb abgießen und gut abtropfen lassen. Inzwischen die Bohnen waschen, putzen und in kochendem Salzwasser in 7–8 Min. bissfest garen. Abgießen, abschrecken und abtropfen lassen. Tomaten waschen und halbieren. Radieschen waschen, putzen und vierteln. Matjesfilets schräg in ca. 2 cm breite Stücke schneiden. Petersilie abbrausen, trocken schütteln, die Blätter fein hacken.

**2** Essig, Salz, Pfeffer und Öl verquirlen. Die Graupen mit jeweils der Hälfte des Dressings und der Petersilie mischen und in Bowls verteilen. Bohnen, Tomaten, Radieschen und Matjesstücke darauf anrichten. Mit dem restlichen Dressing beträufeln. Pumpernickel grob zerbröseln und mit der übrigen Petersilie auf die Bowls streuen.

# REGISTER

Vegetarische Rezepte, die im Buch mit einem ◔ gekennzeichnet sind, sind hier grün abgesetzt.

## A

**Apfel**
Apfel-Bowl mit Streuseln 13
Orientalische Hirse-Bowl 27
Asia-Nudel-Schüssel mit Huhn 50
**Aubergine:** Linsen-Auberginen-Bowl mit Lamm 46
**Avocado**
Avocado-Kefir-Bowl 11
Kürbis-Couscous-Bowl 37
Poké Bowl mit rohem Lachs 54
Quinoa-Bowl mit Kürbis 22
Quinoa-Bowl mit Röst-Rosenkohl 30
Sushi-Bowl mit Eierröllchen 40

## B

**Banane**
Avocado-Kefir-Bowl 11
Overnight Oats Bowl mit Kaki 14
Pfirsich-Erdbeer-Bowl 8
Buchweizen-Halloumi-Bowl 26
**Bulgur**
Bulgur-Orangen-Bowl 16
Grüne Bulgur-Bowl mit Feta 25

## C/D

**Couscous**
Die schnellste Buddha-Bowl 5
Kürbis-Couscous-Bowl 37
Die schnellste Buddha-Bowl 5

## E/F

**Edamame:** Sommer-Bowl mit Edamame 34
**Ei**
Linsen-Spargel-Bowl mit Ei 33
Quinoa-Bowl mit Röst-Rosenkohl 30
Sushi-Bowl mit Eierröllchen 40
**Erdbeeren**
Buchweizen-Halloumi-Bowl 26
Pfirsich-Erdbeer-Bowl 8
Exotische Frischkorn-Mango-Bowl 18
**Feigen:** Hirse-Bowl mit Feigen 17

## G

**Garnelen:** Wildreis-Bowl mit Garnelen 57
**Granatapfel**
Kürbis-Couscous-Bowl 37
Overnight Oats Bowl mit Kaki 14
Süßkartoffel-Nuss-Bowl 43
Graupen-Matjes-Bowl 59
Grüne Bulgur-Bowl mit Feta 25

## Gurke

Sommer-Bowl mit Edamame 34
Sushi-Bowl mit Eierröllchen 40
Wildreis-Bowl mit Garnelen 57

## H

**Hackfleisch:** Weizen-Bowl mit Hack-Gröstl 49
**Halloumi:** Buchweizen-Halloumi-Bowl 26
**Heidelbeeren**
Exotische Frischkorn-Mango-Bowl 18
Kokos-Smoothie-Bowl 10
Superfood-Bowl 29
**Hirse**
Hirse-Bowl mit Feigen 17
Orientalische Hirse-Bowl 27
**Hühnerfleisch**
Asia-Nudel-Schüssel mit Huhn 50
Tandoori Chicken auf Glasnudeln 53

## K

**Kaki:** Overnight Oats Bowl mit Kaki 14
Kartoffel-Lachs-Bowl 58
**Kefir:** Avocado-Kefir-Bowl 11
**Kichererbsen**
Die schnellste Buddha Bowl 5
Orientalische Hirse-Bowl 27
Kokos-Smoothie-Bowl 10
**Kürbis**
Kürbis-Couscous-Bowl 37
Quinoa-Bowl mit Kürbis 22

Abkürzungsverzeichnis:
E = Eiweiß
EL = Esslöffel
(gestrichen)
F = Fett
kcal = Kilokalorien
KH = Kohlenhydrate
Msp. = Messerspitze
Pck. = Päckchen
TK = Tiefkühl
TL = Teelöffel
(gestrichen)
Ø = Durchmesser

**Projektleitung:** Vanessa Lotz
**Lektorat:** Christin Geweke
**Korrektorat:** Waltraud Schmidt
**Gesamtgestaltung:** independent Medien-Design, München: Horst Moser (Artdirection), Lucie Heselich, Svenja Wamser
**Herstellung:** Mendy Willerich
**Satz:** Kösel, Krugzell
**Reproduktion:** medienprinzen GmbH, München
**Druck und Bindung:** Firmengruppe APPL, aprinta druck, Wemding
**Syndication:**
www.seasons.agency
Printed in Germany

1. Auflage 2019
ISBN 978-3-8338-7139-9

 www.facebook.com/gu.verlag

GRÄFE
UND
UNZER

*Ein Unternehmen der*
GANSKE VERLAGSGRUPPE

## DIE AUTORIN

**Martina Kittler** ist Oecotrophologin, Autorin zahlreicher Kochbücher und wohnt in München. Sie versteht es, Genuss und gesunde Ernährung in unkomplizierte Rezepte zu packen – und bringt mit Buddha Bowls viel Abwechslung in die Schüssel.

## DIE FOTOGRAFEN

**Maria Grossmann** und **Monika Schürle** arbeiten seit Jahren gemeinsam in den Bereichen Food, Still und Interieur in Hamburg und Berlin. Ihre Auftraggeber sind Magazine, Verlage und Agenturen. Bei der Produktion dieses Buches wurden sie von **Lukas Grossmann** (Foodstyling) unterstützt.

## BILDNACHWEIS

Grossmann.Schürle: S. 06–59 und Stepfotos auf den Klappen
Coco Lang (Foodstyling: Akos Neuberger): S. 01, 05 und Stillleben auf den Klappen
Autorenfoto: Michael Kremer Fotodesign
Coverfoto: Kathrin Koschitzki

## Umwelthinweis:

Dieses Buch ist auf PEFC-zertifiziertem Papier aus nachhaltiger Waldwirtschaft gedruckt.

## LIEBE LESERINNEN UND LESER,

wir wollen Ihnen mit diesem Buch Informationen und Anregungen geben, um Ihnen das Leben zu erleichtern oder Sie zu inspirieren, Neues auszuprobieren. Wir achten bei der Erstellung unserer Bücher auf Aktualität und stellen höchste Ansprüche an Inhalt und Gestaltung. Alle Anleitungen und Rezepte werden von unseren Autoren, jeweils Experten auf ihrem Gebiet, gewissenhaft erstellt und von unseren Redakteuren/innen mit größter Sorgfalt ausgewählt und geprüft.

Haben wir Ihre Erwartungen erfüllt? Sind Sie mit diesem Buch und seinen Inhalten zufrieden? Haben Sie weitere Fragen zu diesem Thema? Wir freuen uns auf Ihre Rückmeldung, auf Lob, Kritik und Anregungen, damit wir für Sie immer besser werden können. Und wir freuen uns, wenn Sie diesen Titel weiterempfehlen, in Ihrem Freundeskreis oder online.

Sollten wir Ihre Erwartungen so gar nicht erfüllt haben, tauschen wir Ihnen Ihr Buch jederzeit gegen ein gleichwertiges zum gleichen oder ähnlichen Thema um.

## KONTAKT

GRÄFE UND UNZER VERLAG
Leserservice
Postfach 86 03 13
81630 München
E-Mail: leserservice@graefe-und-unzer.de

Telefon: 0 08 00 / 72 37 33 33*
Telefax: 0 08 00 / 50 12 05 44*
Mo – Do: 9.00 – 17.00 Uhr
Fr: 9.00 – 16.00 Uhr (*gebührenfrei in D,A,CH)

# APPETIT AUF MEHR?

ISBN 978-3-8338-6847-4

ISBN 978-3-8338-6454-4

ISBN 978-3-8338-6625-8

ISBN 978-3-8338-6628-9

ISBN 978-3-8338-6700-2

ISBN 978-3-8338-6875-7

Alle hier vorgestellten Bücher
sind auch als eBook erhältlich.

# DIE »GU KOCHEN PLUS«-APP

 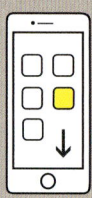

## 1 APP HERUNTERLADEN

Laden Sie die kostenlose »GU Kochen Plus«-
App im Apple App Store oder im Google Play
Store auf Ihr Smartphone. Starten Sie die App
und wählen Sie Ihren Küchenratgeber aus.

## 2 REZEPTBILD SCANNEN

Scannen Sie das gewünschte Rezeptbild mit der
Kamera Ihres Smartphones. Klicken Sie im Display
die Funktion Ihrer Wahl.

## 3 FUNKTIONEN NUTZEN

Sammeln Sie Ihre Lieblingsrezepte. Speichern
und verschicken Sie Ihre Einkaufslisten. Oder
nutzen Sie den praktischen Supermarkt-Finder
und den Rezept-Planer.